AF224524

ATLAS
DE
GÉOGRAPHIE MODERNE

A L'USAGE DE TOUTES LES ÉCOLES

D'APRÈS LES MÉTHODES LES PLUS NOUVELLES

CARTES COLORIÉES ET NOTICES EN REGARD

ET PRÉCÉDÉES D'UNE CARTE DÉTAILLÉE DE LA PROVINCE

PAR MM.

CH. PÉRIGOT

PROFESSEUR AU LYCÉE SAINT-LOUIS

A PARIS.

L. PIRÉ

PROFESSEUR A L'ATHÉNÉE ROYAL

A BRUXELLES.

LISTE DES CARTES

PROVINCE D'ANVERS

PARIS

LIBRAIRIE CHARLES DELAGRAVE

15, RUE SOUFFLOT, 15

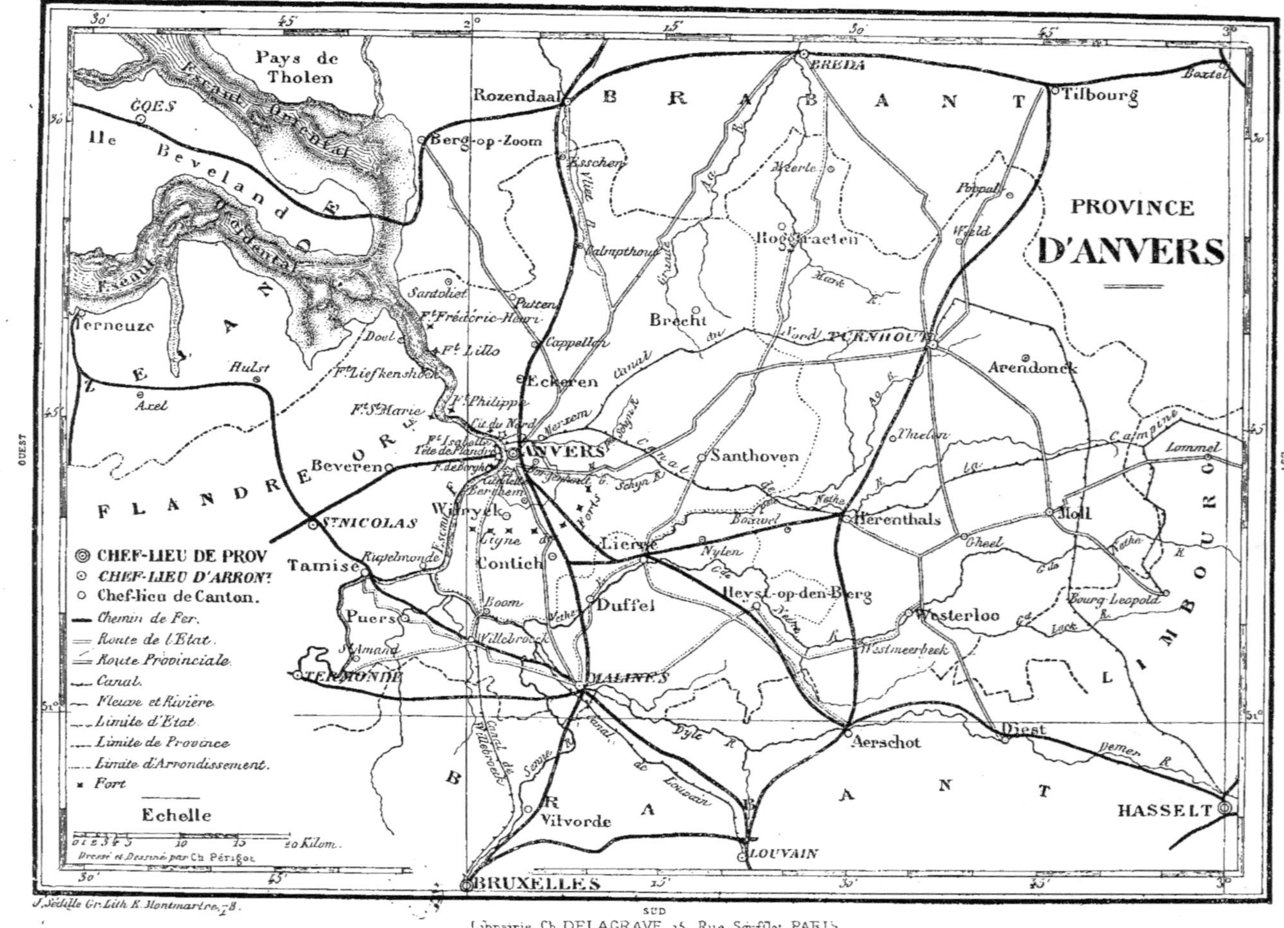
NORD
PROVINCE
D'ANVERS
Pays de Tholen
GOES
Ile Beveland
Terneuze
Axel
Hulst
Doel
F? Liefkenshoek
F? S?? Marie
F? Lillo
F? Frédéric-Henri
Putten
Sartoliet
Cappellen
Esschen
Calmpthout
Rozendaal
Berg-op-Zoom
BRABANT
BREDA
Tilbourg
Boxtel
Hoogstraeten
Meerle
Poppel
Weld
Brecht
Nord du TURNHOUT
Arendonck
Eckeren
V? Philippe
Merxem
Cit du Nord
ANVERS
Santhoven
T'helen
Lommel
Campine
L'Aa
Beveren
S? NICOLAS
Tamise
Ruppelmonde
Wilryck
Contich
Lierre
Herenthals
Moll
Bourg Leopold
Gheel
Puers
Boom
Willebroeck
Duffel
Nylen
Heyst-op-den-Berg
Westerloo
Westmeerbeek
S? Amand
TERMONDE
MALINES
Aerschot
Diest
Demer R.
HASSELT
LIMBOURG
Vilvorde
LOUVAIN
BRUXELLES
Dyle
Canal de Willebroeck
FLANDRE ORIENTALE
CHEF-LIEU DE PROV
CHEF-LIEU D'ARRON?
Chef-lieu de Canton.
Chemin de Fer.
Route de l'Etat.
Route Provinciale.
Canal.
Fleuve et Rivière.
Limite d'Etat.
Limite de Province.
Limite d'Arrondissement.
Fort
Echelle
0 1 2 3 4 5   10   15   20 Kilom.
Dressé et Dessiné par Ch. Périgot
J. Sédille Gr. Lith. K. Montmartre, 78.
OUEST
EST
SUD
Librairie Ch. DELAGRAVE 15, Rue Soufflot, PARIS

N° 2. — Notice sur la BELGIQUE ; CARTE PHYSIQUE et CARTE DES CANAUX. — N° 2.

Limites. La BELGIQUE est bornée au N. par la Hollande ou Pays-Bas (provinces de Zélande, Brabant et Limbourg) ; à l'E. par le même royaume (province de Limbourg), par la Prusse (province du Rhin), et par le grand-duché de Luxembourg ; au S. par la France (départements de la Meuse, des Ardennes, de l'Aisne et du Nord) ; à l'O. par la mer du Nord. La Belgique est située entre 49° 27′ (49 degrés 27 minutes) et 51° 30′ de latitude N., et entre 0° 42′ et 3° 14′ de longitude E. du méridien de Paris.

Dimensions ; surface. La plus grande longueur de la Belgique est de 280 kilomètres, entre *Ostende* au N.-E. et *Arlon* au S.-E. Sa plus grande largeur n'est que de 170 kilomètres, entre *Chimay* au S. et *Meerle* au N. Sa frontière maritime n'a qu'un développement de 67 kilomètres sur la mer du Nord, entre Furnes et Heyst ; au contraire, sa frontière terrestre s'étend sur 1,271 kilomètres, entre *Heyst Maeseyck, Arlon* et *Furnes*. Sa superficie est de 29,456 kilomètres carrés, ou 2,945,666 hectares ; c'est le seizième État de l'Europe pour l'étendue territoriale.

Configuration du sol. La Belgique se divise en deux régions physiques. Au N.-O. est la *région basse*, principalement sur les côtes de la mer du Nord, où la commune de Saint-Gilles-Waes n'est qu'à 1ᵐ,65 au-dessus de la mer basse ; comme la pleine mer monte sur cette côte à 4ᵐ,85, les habitants vivent au-dessous du niveau de l'Océan ; aussi a-t-il fallu défendre toute cette région par de fortes digues ; cette portion basse par excellence s'appelle les *polders* et est d'une grande fertilité.

Au S.-E. au contraire est la *région haute* qui commence par les *Collines de Belgique*. Elles ont leur origine en France dans le plateau boisé situé entre les sources de l'Escaut, de la Somme et de la Sambre ; elles suivent de très-près la rive gauche de cette dernière rivière, puis celle de la Meuse jusqu'à Liége ; leur hauteur moyenne n'est que de 100 mètres. Au contraire, le pays situé sur la rive droite de la Meuse forme le *massif des Ardennes*, mélange de collines boisées et de plateaux incultes appelés *Hautes Fagnes* ; on y trouve le point le plus élevé de toute la Belgique, la *baraque Michel*, 680 mètres, à l'E. de Liége.

Fleuves et rivières. Cette division correspond exactement à la division en deux *bassins*, l'*Escaut* dans la région basse, la *Meuse* dans la région haute.

La Meuse, qui prend sa source en France, entre en Belgique à Heer, coule au N. jusqu'à Namur, et de là au N.-E. par Liége, Visé et Maeseyck ; elle entre ensuite en Hollande et mêle ses embouchures à celles du Rhin. Elle reçoit sur sa rive droite : 1° la *Semoy*, qui passe à Bouillon et a son embouchure en France ; 2° la *Lesse*, qui tombe près de Dinant ; 3° l'*Ourthe*, à Liége ; elle est grossie elle-même de l'*Amblève*, qui passe à Stavelot, et de la *Vesdre*, qui arrose Verviers. Sur sa rive gauche, la Meuse reçoit : 1° la *Sambre*, qui naît en France, entre en Belgique à Erquelines, passe à Charleroi et se jette à Namur ; elle est grossie elle-même de l'*Heure*, qui tombe près de Charleroi ; 2° la *Mehaigne*, qui se jette près de Huy.

l'Escaut. Ce fleuve naît également en France, entre en Belgique à Bléharies, et coule d'abord au N. par Tournai et Audenarde jusqu'à Gand ; de là, il se dirige à l'E. jusqu'à Rupelmonde, puis coule de nouveau au N. jusqu'au-dessous d'Anvers ; entre le fort Lillo et Doel, il pénètre en Hollande. L'Escaut reçoit sur sa rive droite : 1° la *Haine*, qui se jette en France à Condé ; 2° la *Dendre*, qui arrose Ath, Alost et tombe à Termonde ; 3° le *Rupel*, qui finit à Rupelmonde ; il est formé au-dessous de Malines par trois rivières : A. la *Senne*, qui passe à Bruxelles ; B. la *Dyle*, qui arrose Wavre et Louvain et est grossie elle-même du *Démer* accru du *Herk*, de la *Grande Gette* et de la *Petite Gette* ; C. la *Nèthe*, formée à Lierre de la grande Nèthe et de la petite Nèthe. Sur sa rive gauche, l'Escaut reçoit : 1° la *Lys*, qui naît en France, entre en Belgique à Menin, arrose Courtrai et se jette à Gand ; 2° la *Durme*, qui passe à Lokeren et se jette à Thielrode.

La Belgique est encore arrosée par un petit fleuve côtier : l'*Yser*, qui naît en France, entre en Belgique à Rousbrugge, arrose Dixmude et finit à Nieuport ; il est grossi de l'*Yperlé*, qui passe près d'Ypres.

Canaux. La nature du sol a permis de creuser un grand nombre de canaux que l'on divise en *canaux à grande section* (pour les bâtiments de mer) et en *canaux à petite section* (pour les bateaux de rivières). En tout il y en a 32, dont les principaux sont : deux entre l'Escaut et la Meuse : 1° le *canal de Charleroi*, qui longe la Senne par Bruxelles, Hal et Senef et arrive à Charleroi sur la Sambre ; 2° le *canal de la Campine*, entre Anvers et Bocholt, où il est continué par deux canaux qui vont rejoindre la Meuse, le premier au S. jusqu'à Maestricht et Liége, le second au N. sur le territoire hollandais jusqu'à Neer ; le canal de la Campine a trois embranchements : sur Turnhout au nord, sur Hasselt et sur Bourg-Léopold au sud-est. Cinq canaux entre l'Escaut et ses affluents : 1° le *canal de Mons à Condé*, parallèle à la Haine, et celui de *Pommerœul à Antoing*, entre le précédent et l'Escaut ; 2° le *canal d'Espierres*, entre l'Escaut à Espierres et Roubaix et Lille en France ; 3° le *canal de Bossuyt*, entre ce village sur l'Escaut et Courtrai sur la Lys ; 4° le *canal de Willebróeck*, canal à grande section et qui s'étend entre Bruxelles et Boom sur le Rupel ; 5° le *canal de Louvain*, à grande section, entre Louvain et l'embouchure de la Senne au-dessous de Malines. De l'Escaut à la mer du Nord : 1° le *canal de Terneuse*, à grande section, de Gand et de Lokeren aux ports hollandais de Terneuze et de Hulst ; 2° le *canal de la Lieve*, entre Gand et Heyst ; 3° le *canal de Gand à Bruges*, aussi à grande section ; il se complète par trois branches : le *canal de Bruges à Sluys* ou l'Ecluse, coupant celui de la Lieve à Damme ; le *canal de Bruges à Blankenberghe*, et *de Bruges à Ostende* (gr. section). L'Yser est canalisé de Rousbrugge à Nieuport, ainsi que l'Yperlé de Knoke à Ypres ; l'Yser est relié aux canaux de l'Escaut par le *canal d'Ostende à*

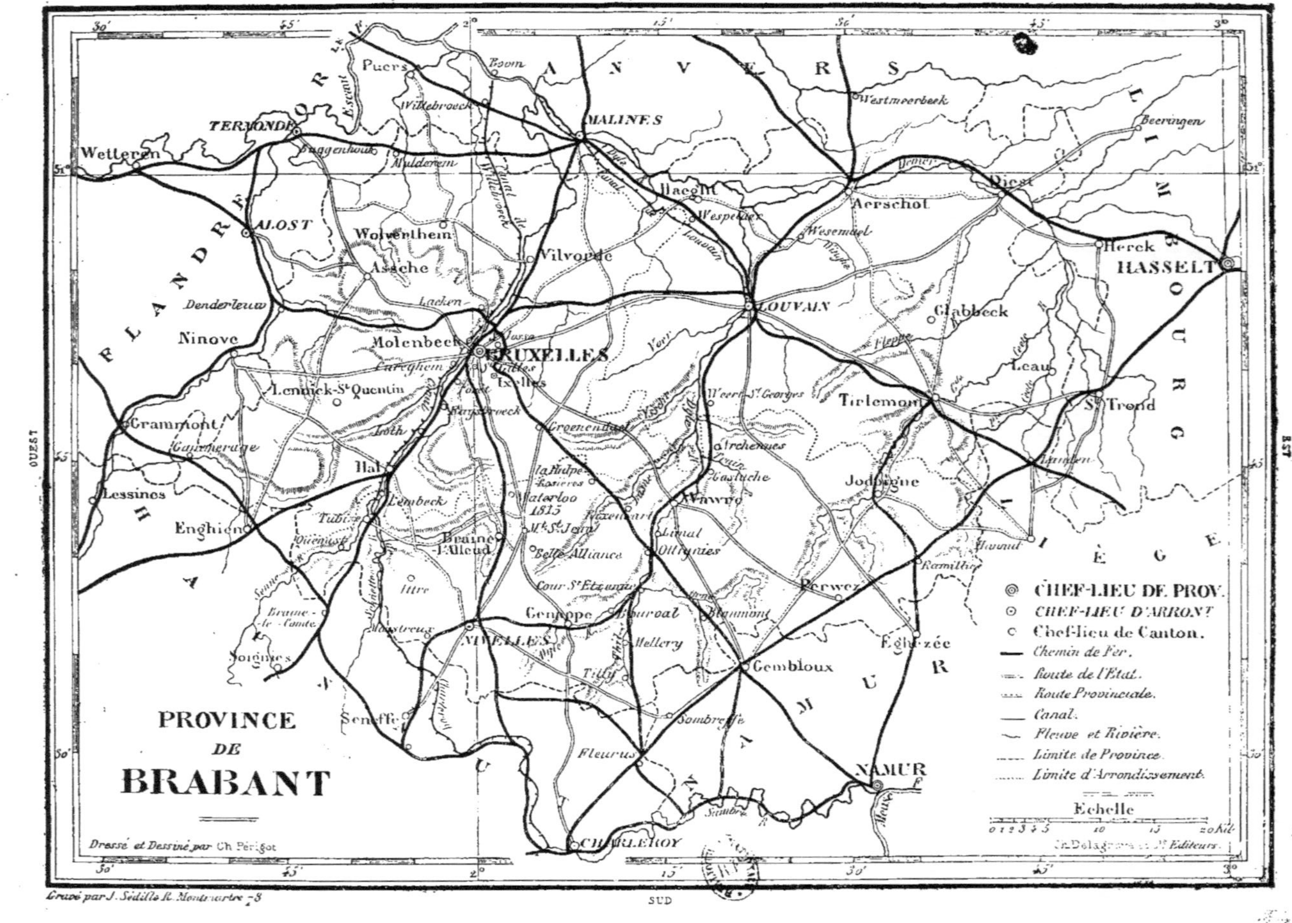
NORD
OUEST
EST
SUD
PROVINCE
DE
BRABANT
FLANDRE OR.
FLANDRE OCc.
ANVERS
LIMBOURG
LIÈGE
NAMUR
HAINAUT
Wetteren
TERMONDE
Puers
Boom
Willebroeck
Buggenhout
Mulderen
MALINES
Westmeerbeek
Beeringen
Haeght
Diest
Wespelier
Aerschot
ALOST
Wolverthem
Asche
Vilvorde
Wesemael
Herck
HASSELT
Denderleeuw
Lacken
LOUVAIN
Glabbeck
Ninove
Molenbeek
BRUXELLES
Vere
Fleppe
Leau
Carcghem
Ixelles
Lennick-St Quentin
Weert St Georges
Tirlemont
S' Trond
Grammont
Groenendael
Archennes
Gammerage
Loth
la Hulpe
Rosieres
Gastuche
Jodoigne
Hal
Lembeck
Waterloo
1813
Wavre
Lessines
Tubize
Mt St Jean
Limal
Ottignies
Enghien
Quenast
Braine-l'Alleud
Belle Alliance
Hannut
Braine-le-Comte
Ittre
Cour St Etienne
Ramillies
Perwez
Soignies
Genappe
Bousval
Blanmont
Eghezée
Seneffe
Nivelles
Mellery
Gembloux
Tilly
Sombreffe
Fleurus
NAMUR
CHARLEROY
Senne
Dyle
Sambre
Meuse
Escaut
CHEF-LIEU DE PROV.
CHEF-LIEU D'ARR.ONT
Chef-lieu de Canton.
Chemin de Fer.
Route de l'État.
Route Provinciale.
Canal.
Fleuve et Rivière.
Limite de Province.
Limite d'Arrondissement.
Échelle
0 1 2 3 4 5   10   15   20 Kil.
Dressé et Dessiné par Ch. Périgot
Gravé par J. Sédille R. Montmartre 78
Ch. Delagrave & Cie Éditeurs.

N° 2. — Notice sur la BELGIQUE ; CARTE PHYSIQUE et CARTE DES CANAUX. — N° 2.

Limites. La BELGIQUE est bornée au N. par la Hollande ou Pays-Bas (provinces de Zélande, Brabant et Limbourg) ; à l'E. par le même royaume (province de Limbourg), par la Prusse (province du Rhin), et par le grand-duché de Luxembourg ; au S. par la France (départements de la Meuse, des Ardennes, de l'Aisne et du Nord) ; à l'O. par la mer du Nord. La Belgique est située entre 49° 30' (49 degrés 30 minutes) et 51° 30' de latitude N., et entre 0° 12' et 3° 48' de longitude E. du méridien de Paris.

Dimensions ; surface. La plus grande longueur de la Belgique est de 280 kilomètres, entre *Ostende* au N.-E. et *Arlon* au S.-E. Sa plus grande largeur n'est que de 170 kilomètres, entre *Chimay* au S. et *Mœrle* au N. Sa frontière maritime n'a qu'un développement de 67 kilomètres sur la mer du Nord, entre Furnes et Heyst ; au contraire sa frontière terrestre s'étend sur 1,271 kilomètres, entre *Heyst, Maeseyck, Arlon* et *Furnes*. Sa superficie est de 29,456 kilomètres carrés ou 2,945,666 hectares ; c'est le dix-septième État de l'Europe pour l'étendue territoriale.

Configuration du sol. La Belgique se divise en deux régions physiques. Au N.-O. est la *région basse*, principalement sur les côtes de la mer du Nord, où la commune de Saint-Gilles-Waes n'est qu'à 1ᵐ,65 au-dessus de la mer basse ; comme la pleine mer monte sur cette côte à 4ᵐ,85, les habitants vivent au-dessous du niveau de l'Océan ; aussi a-t-il fallu défendre toute cette région par de fortes digues ; cette portion basse par excellence s'appelle les *polders* et est d'une grande fertilité.

Au S.-E. au contraire est la *région haute* qui commence par les *Collines de Belgique*. Elles ont leur origine en France dans le plateau boisé situé entre les sources de l'Escaut, de la Somme et de la Sambre ; elles suivent de très-près la rive gauche de cette dernière rivière, puis celle de la Meuse jusqu'à Liége ; leur hauteur moyenne n'est que de 100 mètres. Au contraire, le pays situé sur la rive droite de la Meuse forme le *massif des Ardennes*, mélange de collines boisées et de plateaux incultes appelés *Hautes Fagnes* ; on y trouve le point le plus élevé de toute la Belgique, la *Baraque Michel*, 680 mètres, à l'E. de Liége.

Fleuves et rivières. Cette division correspond exactement à la division en deux *bassins*, l'*Escaut* dans la région basse, la *Meuse* dans la région haute.

La Meuse, qui prend sa source en France, entre en Belgique à Heer, coule au N. jusqu'à Namur, et de là au N.-E. par Liége, Visé et Maeseyck ; elle entre ensuite en Hollande et mêle ses embouchures à celles du Rhin. Elle reçoit sur sa rive droite : 1° la *Semoy*, qui passe à Bouillon et a son embouchure en France ; 2° la *Lesse*, qui tombe près de Dinant ; 3° l'*Ourthe*, à Liége ; elle est grossie elle-même de l'*Amblève*, qui passe à Stavelot, et de la *Vesdre*, qui arrose Verviers. Sur sa rive gauche, la Meuse reçoit : 1° la *Sambre*, qui naît en France, entre en Belgique à Erquelines, passe à Charleroi et se jette à Namur ; elle est grossie elle-même de l'*Heure*, qui tombe près de Charleroi ; 2° la *Mehaigne*, qui se jette près de Huy. Les collines de Belgique séparent le bassin de la Meuse de celui de

l'Escaut. Ce fleuve naît également en France, entre en Belgique à Bléharies, et coule d'abord au N. par Tournai et Audemarde jusqu'à Gand ; de là, il se dirige à l'E. jusqu'à Rupelmonde, puis coule de nouveau au N. jusqu'au-dessous d'Anvers ; entre le fort Lillo et Doel, il pénètre en Hollande. L'Escaut reçoit sur sa rive droite : 1° la *Haine*, qui se jette en France à Condé ; 2° la *Dendre*, qui arrose Ath, Alost et tombe à Termonde ; 3° le *Rupel*, qui finit à Rupelmonde ; il est formé au-dessous de Malines par trois rivières : A. la *Senne*, qui passe à Bruxelles ; B. la *Dyle*, qui arrose Wavre et Louvain et est grossie elle-même du *Démer* accru du *Herk*, de la *Grande Gette* et de la *Petite Gette* ; C. la *Nèthe*, formée à Lierre de la grande Nèthe et de la petite Nèthe. Sur sa rive gauche, l'Escaut reçoit : 1° la *Lys*, qui naît en France, entre en Belgique à Menin, arrose Courtrai et se jette à Gand ; 2° la *Durme*, qui passe à Lokeren et se jette à Thielrode.

La Belgique est encore arrosée par un petit fleuve côtier : l'*Yser*, qui naît en France, entre en Belgique à Rousbrugge, arrose Dixmude et finit à Nieuport ; il est grossi de l'*Yperlé*, qui passe près d'Ypres.

Canaux. La nature du sol a permis de creuser un grand nombre de *canaux* que l'on divise en *canaux à grande section* (pour les bâtiments de mer) et en *canaux à petite section* (pour les bateaux de rivières). En tout il y en a 32, dont les principaux sont : deux entre l'Escaut et la Meuse : 1° le *canal de Charleroi*, qui longe la Senne par Bruxelles, Hal et Senef et arrive à Charleroi sur la Sambre ; 2° le *canal de la Campine*, entre Anvers et Bocholt, où il est continué par deux canaux qui vont rejoindre la Meuse, le premier au S. jusqu'à Maestricht et Liége, le second au N. sur le territoire hollandais jusqu'à Neer ; le canal de la Campine a trois embranchements : sur Turnhout au nord, sur Hasselt et sur Bourg-Léopold au sud-est. Cinq canaux entre l'Escaut et ses affluents : 1° le *canal de Mons à Condé*, parallèle à la Haine, et celui de *Pommerœul à Antoing*, entre le précédent et l'Escaut ; 2° le *canal d'Espierres*, entre l'Escaut à Espierres et Roubaix et Lille en France ; 3° le *canal de Bossuyt*, entre ce village sur l'Escaut et Courtrai sur la Lys ; 4° le *canal de Willebroeck*, canal à grande section et qui s'étend entre Bruxelles et Boom sur le Rupel ; 5° le *canal de Louvain*, à grande section, entre Louvain et l'embouchure de la Senne au-dessous de Malines. De l'Escaut à la mer du Nord : 1° le *canal de Terneuse*, à grande section, de Gand et de Lokeren aux ports hollandais de Terneuze et de Hulst ; 2° le *canal de la Lière*, entre Gand et Heyst ; 3° le *canal de Gand à Bruges*, aussi à grande section ; il se complète par trois branches : le *canal de Bruges à Sluys* ou l'Ecluse, coupant celui de la Lière à Damme ; le *canal de Bruges à Blankenberghe*, et *de Bruges à Ostende* (gr. section). L'Yser est canalisé de Rousbrugge à Nieuport, ainsi que l'Yperlé de Knoke à Ypres ; l'Yser est relié aux canaux de l'Escaut par le *canal d'Ostende à Nieuport*, et à ceux de France par le *canal de Nieuport à Furnes*, prolongé par les canaux de *Furnes à Dunkerque* et *de Furnes à Bergues*.

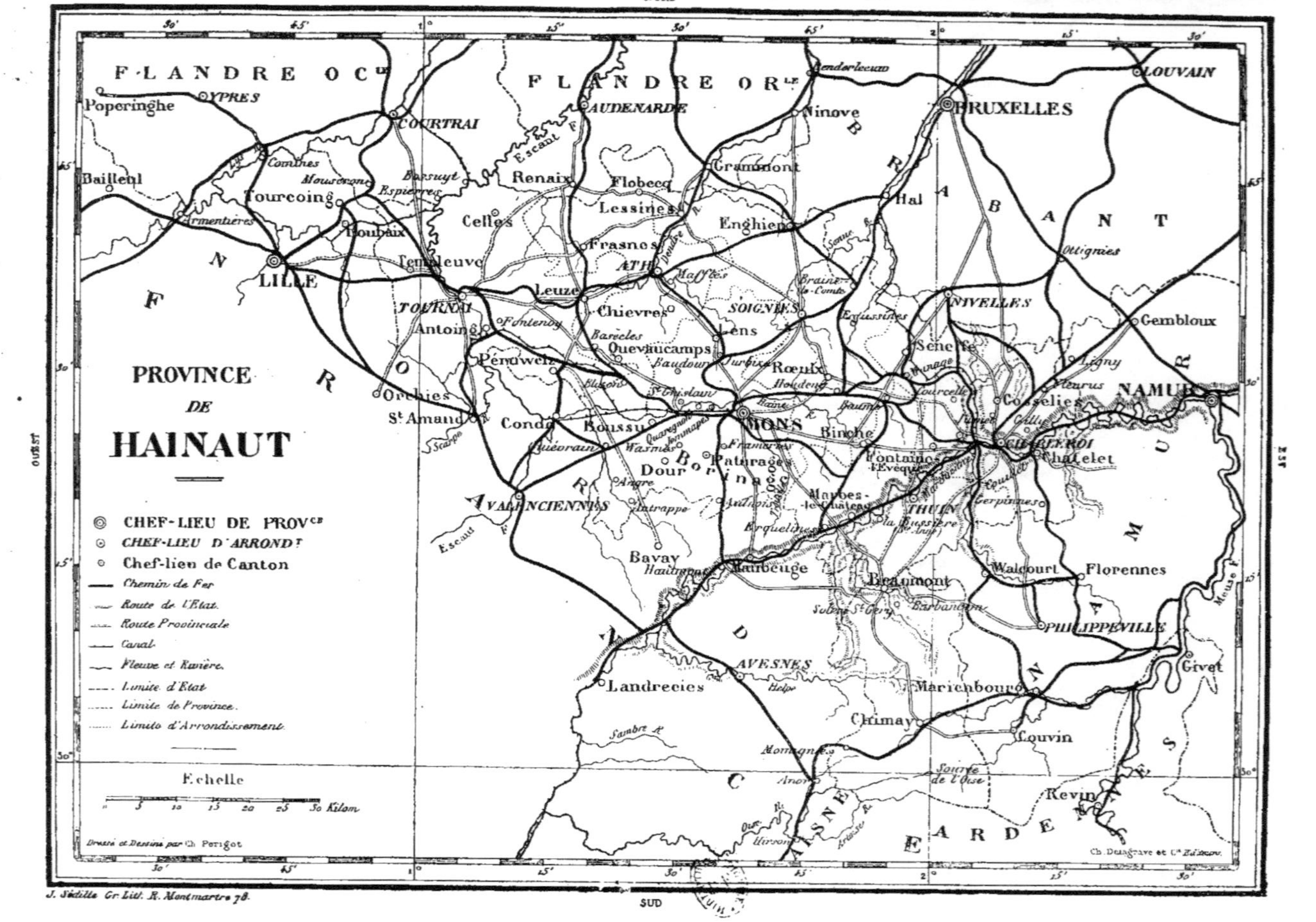

NORD
SUD
OUEST
EST
F·LANDRE OCcle
FLANDRE ORle
LOUVAIN
Poperinghe
YPRES
Baillenl
Comines
Mouscron
Espierres
Bassuyt
Renaix
Flobecq
Lessines
Grammont
AUDENARDE
Ninove
Hal
BRUXELLES
BRABANT
Tourcoing
Roubaix
Celles
Frasnes
Enghien
Ottignies
Armentières
Templeuve
ATH
Maffles
Braine-le-Comte
LILLE
Leuze
Chièvres
SOIGNIES
Gembloux
TOURNAI
Fontenoy
Barèles
Lens
Ecaussines
NIVELLES
Antoing
Quevaucamps
Baudour
Jurbise
Roeulx
Senefe
Ligny
Péruwelz
St Ghislain
Houdeng
Seneffe
Fleurus
NAMUR
Orchies
Condé
Boussu
Haine
Baume
Courcelle
Cosselies
St Amand
Scarpe
Quévrain
Wasmes
Quaregnon
MONS
Binche
Fontaine-l'Evêque
CHARLEROI
Châtelet
PROVINCE
DE
HAINAUT
Frameries
Pâturages
Borinage
VALENCIENNES
Dour
Angre
Antrappe
Merbes-le-Château
THUIN
Gerpinnes
Escaut
Bavay
Haudion
Maubeuge
Beaumont
Barbançon
Walcourt
Florennes
Erquelines
la Buissière
CHEF-LIEU DE PROVce
CHEF-LIEU D'ARRONDt
Chef-lieu de Canton
Chemin de Fer
Route de l'Etat.
Route Provinciale
Canal.
Fleuve et Rivière.
Limite d'Etat
Limite de Province.
Limite d'Arrondissement.
AVESNES
Landrecies
Helpe
Marienbourg
Chimay
Louvin
Givet
Sambre R.
Momagne
Anor
Source de l'Oise
Revin
ARDE
AISNE
Echelle
5   10   15   20   25   30 Kilom.
Dressé et Dessiné par Ch. Périgot
J. Sédille Gr. Lith. R. Montmartre 78.
Ch. Delagrave et Cie Editeur.

LIMITES. La BELGIQUE est bornée au N. par la Hollande ou Pays-Bas (provinces de Zélande, Brabant et Limbourg) ; à l'E. par le même royaume (province de Limbourg), par la Prusse (province du Rhin), et par le grand-duché de Luxembourg ; au S. par la France (départements de la Meuse, des Ardennes, de l'Aisne et du Nord) ; à l'O. par la mer du Nord. La Belgique est située entre 49° 30′ (49 degrés 30 minutes) et 51° 30′ de latitude N., et entre 0° 12′ et 3° 48′ de longitude E. du méridien de Paris.

DIMENSIONS ; SURFACE. La plus grande longueur de la Belgique est de 280 kilomètres, entre *Ostende* au N.-E. et *Arlon* au S.-E. Sa plus grande largeur n'est que de 170 kilomètres, entre *Chimay* au S. et *Meerle* au N. Sa frontière maritime n'a qu'un développement de 67 kilomètres sur la mer du Nord, entre Furnes et Heyst ; au contraire sa frontière terrestre s'étend sur 1,271 kilomètres, entre *Heyst, Maeseyck, Arlon* et *Furnes.* Sa superficie est de 29,456 kilomètres carrés ou 2,945,666 hectares ; c'est le dix-septième État de l'Europe pour l'étendue territoriale.

CONFIGURATION DU SOL. La Belgique se divise en deux régions physiques. Au N.-O. est la *région basse,* principalement sur les côtes de la mer du Nord, où la commune de Saint-Gilles-Waes n'est qu'à 1ᵐ,65 au-dessus de la mer basse ; comme la pleine mer monte sur cette côte à 4ᵐ,85, les habitants vivent au-dessous du niveau de l'Océan ; aussi a-t-il fallu défendre toute cette région par de fortes digues ; cette portion basse par excellence s'appelle les *polders* et est d'une grande fertilité.

Au S.-E. au contraire est la *région haute* qui commence par les *Collines de Belgique.* Elles ont leur origine en France dans le plateau boisé situé entre les sources de l'Escaut, de la Somme et de la Sambre ; elles suivent de très-près la rive gauche de cette dernière rivière, puis celle de la Meuse jusqu'à Liége ; leur hauteur moyenne n'est que de 100 mètres. Au contraire, le pays situé sur la rive droite de la Meuse forme le *massif des Ardennes,* mélange de collines boisées et de plateaux incultes appelés *Hautes Fagnes* ; on y trouve le point le plus élevé de toute la Belgique, la *Baraque Michel,* 680 mètres, à l'E. de Liége.

FLEUVES ET RIVIÈRES. Cette division correspond exactement à la division en deux *bassins,* l'*Escaut* dans la région basse, la *Meuse* dans la région haute.

La MEUSE, qui prend sa source en France, entre en Belgique à Heer, coule au N. jusqu'à Namur, et de là au N.-E. par Liége, Visé et Maeseyck ; elle entre ensuite en Hollande et mêle ses embouchures à celles du Rhin. Elle reçoit sur sa rive droite : 1° la *Semoy,* qui passe à Bouillon et a son embouchure en France ; 2° la *Lesse,* qui tombe près de Dinant ; 3° l'*Ourthe,* à Liége ; elle est grossie elle-même de l'*Amblève,* qui passe à Stavelot, et de la *Vesdre,* qui arrose Verviers. Sur sa rive gauche, la Meuse reçoit : 1° la *Sambre,* qui naît en France, entre en Belgique à Erquelines, passe à Charleroi et se jette à Namur ; elle est grossie elle-même de l'*Heure,* qui tombe près de Charleroi ; 2° la *Mehaigne,* qui se jette près de Huy.

Les collines de Belgique séparent le bassin de la Meuse de celui de l'Escaut. Ce fleuve naît également en France, entre en Belgique à Bléharies, et coule d'abord au N. par Tournai et Audemarde jusqu'à Gand ; de là, il se dirige à l'E. jusqu'à Rupelmonde, puis coule de nouveau au N. jusqu'au-dessous d'Anvers ; entre le fort Lillo et Doel, il pénètre en Hollande. L'Escaut reçoit sur sa rive droite : 1° la *Haine,* qui se jette sa France à Condé ; 2° la *Dendre,* qui arrose Ath, Alost et tombe à Termonde ; 3° le *Rupel,* qui finit à Rupelmonde ; il est formé au-dessous de Malines par trois rivières : A. la *Senne,* qui passe à Bruxelles ; B. la *Dyle,* qui arrose Wavre et Louvain et est grossie elle-même du *Démer* accru du *Herk,* de la *Grande Gette* et de la *Petite Gette* ; C. la *Nèthe,* formée à Lierre de la grande Nèthe et de la petite Nèthe. Sur sa rive gauche, l'Escaut reçoit : 1° la *Lys,* qui naît en France, entre en Belgique à Menin, arrose Courtrai et se jette à Gand ; 2° la *Durme,* qui passe à Lokeren et se jette à Thielrode.

La Belgique est encore arrosée par un petit fleuve côtier : l'*Yser,* qui naît en France, entre en Belgique à Rousbrugge, arrose Dixmude et finit à Nieuport ; il est grossi de l'*Yperlé,* qui passe près d'Ypres.

CANAUX. La nature du sol a permis de creuser un grand nombre de *canaux* que l'on divise en *canaux à grande section* (pour les bâtiments de mer) et en *canaux à petite section* (pour les bateaux de rivières). En tout il y en a 32, dont les principaux sont : deux entre l'Escaut et la Meuse : 1° le *canal de Charleroi,* qui longe la Senne par Bruxelles, Hal et Senef et arrive à Charleroi sur la Sambre ; 2° le *canal de la Campine,* entre Anvers et Bocholt, où il est continué par deux canaux qui vont rejoindre la Meuse, le premier au S. jusqu'à Maestricht et Liége, le second au N. sur le territoire hollandais jusqu'à Neer ; le canal de la Campine a trois embranchements : sur Turnhout au nord, sur Hasselt et sur Bourg-Léopold au sud-est. Cinq canaux entre l'Escaut et ses affluents : 1° le *canal de Mons à Condé,* parallèle à la Haine, et celui de *Pommeroeul à Antoing,* entre le précédent et l'Escaut ; 2° le *canal d'Espierres,* entre l'Escaut à Espierres et Roubaix et Lille en France ; 3° le *canal de Bossuyt,* entre ce village sur l'Escaut et Courtrai sur la Lys ; 4° le *canal de Willebröeck,* canal à grande section et qui s'étend entre Bruxelles et Boom sur le Rupel ; 5° le *canal de Louvain,* à grande section, entre Louvain et l'embouchure de la Senne au-dessous de Malines. De l'Escaut à la mer du Nord : 1° le *canal de Terneuse,* à grande section, de Gand et de Lokeren aux ports hollandais de Terneuze et de Hulst ; 2° le *canal de la Liève,* entre Gand et Heyst ; 3° le *canal de Gand à Bruges,* aussi à grande section ; il se complète par trois branches : le *canal de Bruges à Sluys* ou l'Écluse, coupant celui de la Liève à Damme ; le *canal de Bruges à Blankenberghe,* et *de Bruges à Ostende* (gr. section). L'Yser est canalisé de Rousbrugge à Nieuport, ainsi que l'Yperlé de Knoke à Ypres ; l'Yser est relié aux canaux de l'Escaut par le *canal d'Ostende à Nieuport,* et à ceux de France par le *canal de Nieuport à Furnes,* prolongé par les canaux de *Furnes à Dunkerque* et de *Furnes à Bergues.*

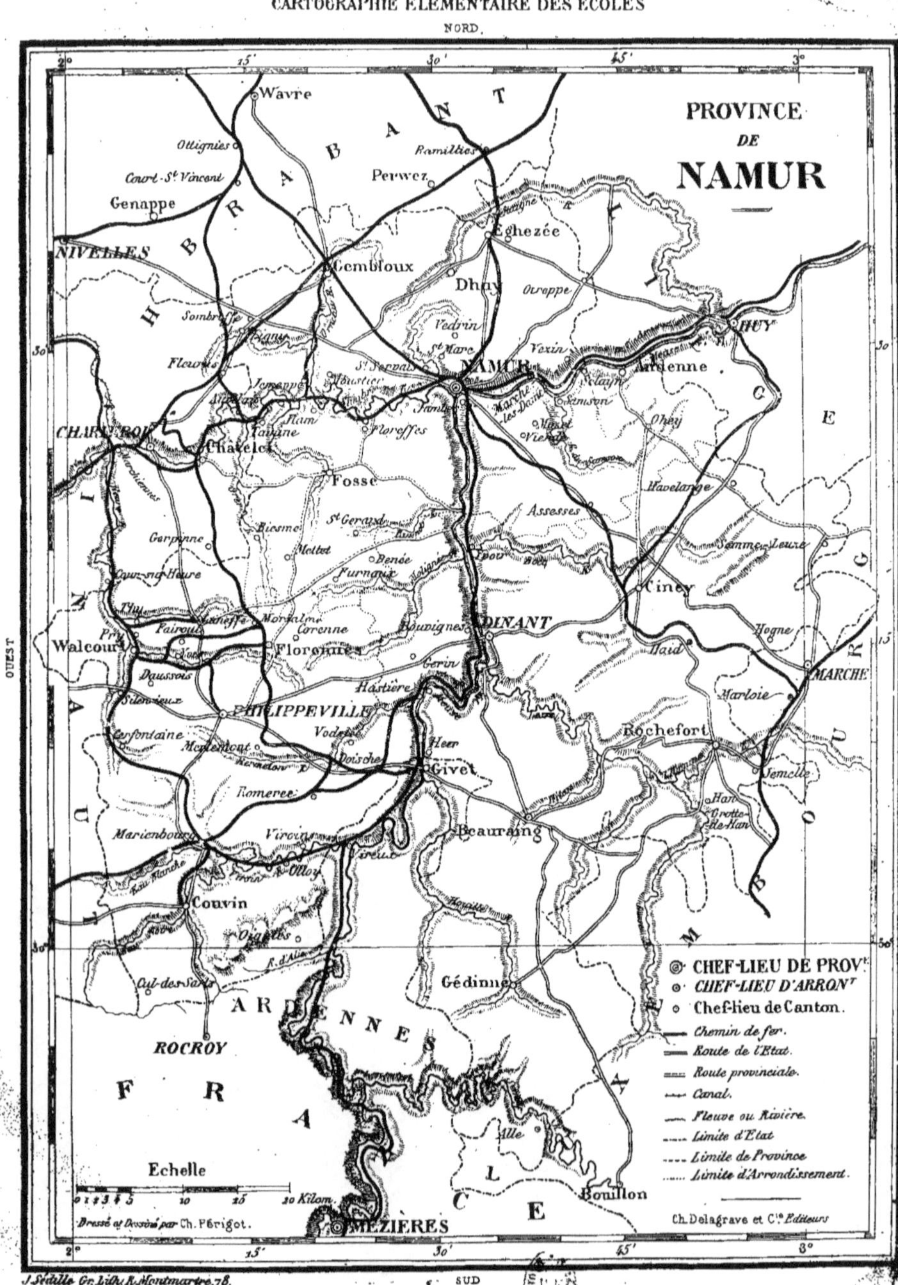
NORD.
PROVINCE
DE
NAMUR
Wavre
Ottignies
Court-St-Vincent
Genappe
Ramillies
Perwez
NIVELLES
Eghezée
BRABANT
Gembloux
Dhuy
Otreppe
Vedrin
St Marc
Sombreffe
Ligny
Vexin
HUY
Fleurus
St Servais
NAMUR
Ardenne
Jemeppe
Bouffioulx
Flawinne
Wierde
Marche-les-Dames
Clermont
Tamison
Mornimont
Floreffe
Ohey
CHARLEROI
Flam
Chatelet
Tamine
Fosse
Havelange
St Geraux
Assesses
Biesme
Somme-Leuze
Gerpinne
Mettet
Court-sur-Heure
Benée
Pont
Furnaux
Ciney
Thui
Hogne
Fairoul
Morialme
Walcourt
Corenne
Bouvignes
DINANT
Haid
Floreffe
Florennes
Daussois
Gerin
MARCHE
Silenrieux
Hastière
Marloie
PHILIPPEVILLE
Vodelée
Rochefort
Cerfontaine
Mertenont
Doische
Heer
Jemelle
Kerselon
Givet
Han
Romeree
Grotte-de-Han
Marienbourg
Viroinval
Beauraing
Couvin
Oignies
Gédinne
Cul-des-Sarts
ARDENNES
ROCROY
FRANCE
Gédinne
CHEF-LIEU DE PROVᵗ
CHEF-LIEU D'ARRONᵗ
Chef-lieu de Canton.
Chemin de fer.
Route de l'État.
Route provinciale.
Canal.
Fleuve ou Rivière.
Limite d'État.
Limite de Province.
Limite d'Arrondissement.
Alle
Echelle
0 1 2 3 4 5   10   15   20 Kilom.
Bouillon
Dressé et Dessiné par Ch. Périgot.
MEZIÈRES
Ch. Delagrave et Cⁱᵉ Éditeurs
OUEST
EST
SUD

LIMITES. La BELGIQUE est bornée au N. par la Hollande ou Pays-Bas (provinces de Zélande, Brabant et Limbourg) ; à l'E. par le même royaume (province de Limbourg), par la Prusse (province du Rhin), et par le grand-duché de Luxembourg ; au S. par la France (départements de la Meuse, des Ardennes, de l'Aisne et du Nord) ; à l'O. par la mer du Nord. La Belgique est située entre 49° 27' (49 degrés 27 minutes) et 51° 30' de latitude N., et entre 0° 42' et 3° 14' de longitude E. du méridien de Paris.

DIMENSIONS ; SURFACE. La plus grande longueur de la Belgique est de 280 kilomètres, entre *Ostende* au N.-E. et *Arlon* au S.-E. Sa plus grande largeur n'est que de 170 kilomètres, entre *Chimay* au S. et *Meerle* au N. Sa frontière maritime n'a qu'un développement de 67 kilomètres sur la mer du Nord, entre Furnes et Heyst ; au contraire, sa frontière terrestre s'étend sur 1,271 kilomètres, entre *Heyst Maeseyck*, *Arlon* et *Furnes*. Sa superficie est de 29,456 kilomètres carrés, ou 2,943,666 hectares ; c'est le seizième État de l'Europe pour l'étendue territoriale.

CONFIGURATION DU SOL. La Belgique se divise en deux régions physiques. Au N.-O. est la *région basse*, principalement sur les côtes de la mer du Nord, où la commune de Saint-Gilles-Waes n'est qu'à 1ᵐ,65 au-dessus de la mer basse ; comme la pleine mer monte sur cette côte à 4ᵐ,85, les habitants vivent au-dessous du niveau de l'Océan ; aussi a-t-il fallu défendre toute cette région par de fortes digues ; cette portion basse par excellence s'appelle les *polders* et est d'une grande fertilité.

Au S.-E. au contraire est la *région haute* qui commence par les *Collines de Belgique*. Elles ont leur origine en France dans le plateau boisé situé entre les sources de l'Escaut, de la Somme et de la Sambre ; elles suivent de très-près la rive gauche de cette dernière rivière, puis celle de la Meuse jusqu'à Liége ; leur hauteur moyenne n'est que de 100 mètres. Au contraire, le pays situé sur la rive droite de la Meuse forme le *massif des Ardennes*, mélange de collines boisées et de plateaux incultes appelés *Hautes Fagnes* ; on y trouve le point le plus élevé de toute la Belgique, la *baraque Michel*, 680 mètres, à l'E. de Liége.

FLEUVES ET RIVIÈRES. Cette division correspond exactement à la division en deux *bassins*, l'*Escaut* dans la région basse, la *Meuse* dans la région haute.

La MEUSE, qui prend sa source en France, entre en Belgique à Heer, coule au N. jusqu'à Namur, et de là au N.-E. par Liége, Visé et Maeseyck ; elle entre ensuite en Hollande et mêle ses embouchures à celles du Rhin. Elle reçoit sur sa rive droite : 1° la *Semoy*, qui passe à Bouillon et a son embouchure en France ; 2° la *Lesse*, qui tombe près de Dinant ; 3° l'*Ourthe*, à Liége ; elle est grossie elle-même de l'*Amblève*, qui passe à Stavelot, et de la *Vesdre*, qui arrose Verviers. Sur sa rive gauche, la Meuse reçoit : 1° la *Sambre*, qui naît en France, entre en Belgique à Erquelines, passe à Charleroi et se jette à Namur ; elle est grossie elle-même de l'*Heure*,

l'ESCAUT. Ce fleuve naît également en France, entre en Belgique à Bléharies, et coule d'abord au N. par Tournai et Audenarde jusqu'à Gand ; de là, il se dirige à l'E. jusqu'à Rupelmonde, puis coule de nouveau au N. jusqu'au-dessous d'Anvers ; entre le fort Lillo et Doel, il pénètre en Hollande. L'Escaut reçoit sur sa rive droite : 1° la *Haine*, qui se jette en France à Condé ; 2° la *Dendre*, qui arrose Ath, Alost et tombe à Termonde ; 3° le *Rupel*, qui finit à Rupelmonde ; il est formé au-dessous de Malines par trois rivières : A. la *Senne*, qui passe à Bruxelles ; B. la *Dyle*, qui arrose Wavre et Louvain et est grossie elle-même du *Démer* accru du *Herk*, de la *Grande Gette* et de la *Petite Gette* ; C. la *Nèthe*, formée à Lierre de la grande Nèthe et de la petite Nèthe. Sur sa rive gauche, l'Escaut reçoit : 1° la *Lys*, qui naît en France, entre en Belgique à Menin, arrose Courtrai et se jette à Gand ; 2° la *Durme*, qui passe à Lokeren et se jette à Thielrode.

La Belgique est encore arrosée par un petit fleuve côtier : l'*Yser*, qui naît en France, entre en Belgique à Rousbrugge, arrose Dixmude et finit à Nieuport ; il est grossi de l'*Yperlé*, qui passe près d'Ypres.

CANAUX. La nature du sol a permis de creuser un grand nombre de *canaux* que l'on divise en *canaux à grande section* (pour les bâtiments de mer) et en *canaux à petite section* (pour les bateaux de rivières). En tout il y en a 32, dont les principaux sont : deux entre l'Escaut et la Meuse : 1° le *canal de Charleroi*, qui longe la Senne par Bruxelles, Hal et Senef et arrive à Charleroi sur la Sambre ; 2° le *canal de la Campine*, entre Anvers et Bocholt, où il est continué par deux canaux qui vont rejoindre la Meuse, le premier au S. jusqu'à Maestricht et Liége, le second au N. sur le territoire hollandais jusqu'à Neer ; le canal de la Campine a trois embranchements : sur Turnhout au nord, sur Hasselt et sur Bourg-Léopold au sud-est. Cinq canaux entre l'Escaut et ses affluents : 1° le *canal de Mons à Condé*, parallèle à la Haine, et celui de *Pommerœul à Antoing*, entre le précédent et l'Escaut ; 2° le *canal d'Espierres*, entre l'Escaut à Espierres et Roubaix et Lille en France ; 3° le *canal de Bossuyt*, entre ce village sur l'Escaut et Courtrai sur la Lys ; 4° le *canal de Willebroeck*, canal à grande section et qui s'étend entre Bruxelles et Boom sur le Rupel ; 5° le *canal de Louvain*, à grande section, entre Louvain et l'embouchure de la Senne au-dessous de Malines. De l'Escaut à la mer du Nord : 1° le *canal de Terneuse*, à grande section, de Gand et de Lokeren aux ports hollandais de Terneuze et de Hulst ; 2° le *canal de la Lière*, entre Gand et Heyst ; 3° le *canal de Gand à Bruges*, aussi à grande section ; il se complète par trois branches : le *canal de Bruges à Sluys* ou l'Écluse, coupant celui de la Lière à Damme ; le *canal de Bruges à Blankenberghe*, et *de Bruges à Ostende* (gr. section). L'Yser est canalisé de Rousbrugge à Nieuport, ainsi que l'Yperlé de Knoke à Ypres ; l'Yser est relié aux canaux de l'Escaut par le *canal d'Ostende à*

BORNES. La province d'Anvers est bornée au N. par la Hollande (province de Brabant); à l'E. par le Limbourg; au S. par le Brabant; à l'O. par la Flandre orientale.

SUPERFICIE : 2,831 kilomètres carrés, ou 283,173 hectares. POPULATION : 538,381 habitants.

NATURE DU SOL. La province d'Anvers est la plus basse de tout le pays; l'Ouest et le Sud sont fertiles et composés en partie de *polders*, terres basses mises à l'abri des inondations au moyen de digues; au contraire, le Nord et l'Est ne sont qu'une plaine sablonneuse, appelée la *Campine*.

COURS D'EAU. 1° L'ESCAUT entre dans la province d'Anvers au-dessus de Saint-Amand, arrose Anvers, où il est large de 550 mètres et profond de 10 à la marée basse; il sort de Belgique au-dessous du fort Lillo, pour se séparer en deux bras, l'*Escaut oriental* et l'*Escaut occidental*. Il a pour affluent le *Rupel*, formé de trois bras : 1° la *Nèthe*, passant à Lierre, où se réunissent la *Grande Nèthe* et la *Petite Nèthe*; 2° la *Dyle*, qui arrose Malines; 3° la *Senne*.

PRODUCTIONS. Les productions *minérales* sont presque nulles : quelques exploitations d'argile sur les bords du Rupel; les productions *animales* également peu considérables, par suite du manque de bons pâturages; on élève des chevaux de trait et des moutons peu estimés dans la Campine. Les productions *végétales* sont beaucoup plus importantes; peu de froment, mais beaucoup de seigle, de l'épeautre, du sarrasin et des pommes de terre; ensuite les plantes industrielles, comme le colza et le lin, au Sud-Ouest.

INDUSTRIE. L'Industrie y est beaucoup plus importante que l'agriculture. Parmi les industries mécaniques et chimiques, on remarque la construction des machines à vapeur, des appareils de chemins de fer et des vaisseaux, la joaillerie, l'orfèvrerie et la coutellerie commune; les meubles de luxe et les instruments de musique; les savons et les bougies stéariques : parmi les industries textiles, la filature et le tissage du lin et du chanvre, la blanchisserie des toiles; les coutils, les dentelles, tulles et broderies, la chasublerie, les soieries noires et de couleur : parmi les autres au N. sur Turnhout, d'où il revient près d'Anvers sous le nom de *canal du Nord*, au S. sur Hasselt dans le Limbourg; 2° le *canal de Louvain à Malines*, latéral au cours de la Dyle; 3° le *canal de Willebroech*, entre Bruxelles sur la Senne et Boom sur le Rupel.

COMMERCE. Cette province est la plus importante pour le commerce extérieur, à cause du port d'Anvers. Le commerce intérieur est favorisé par de nombreuses voies de communication.

CANAUX. 1° Le *canal de la Campine* traverse tout le N. de la province d'Anvers à Herenthals, et de là entre dans le Limbourg où il joint l'Escaut à la Meuse; il projette de nombreux canaux d'irrigation, entre autres au N. sur Turnhout, au S. sur Hasselt dans le Limbourg; 2° le *canal de Louvain à Malines*, latéral au cours de la Dyle; 3° le *canal de Willebroech*, entre Bruxelles sur la Senne et Boom sur le Rupel.

CHEMINS DE FER. La province est parcourue par les lignes suivantes qui ont leur centre à Anvers : 1° au *Nord*, celle qui dessert Eckeren, Esschen, et rejoint à Rozendaal les chemins hollandais; 2° au *Sud*, celle qui passe près de Contich et de Duffel jusqu'à Malines, d'où elle envoie trois embranchements : à l'O. sur Termonde, au S. sur Bruxelles, au S.-E. sur Louvain; 3° à l'*Est*, celle qui dessert Lierre, d'où elle se bifurque, d'une part sur Herenthals, de l'autre par Heyst-op-den-Berg sur Aerschot; ces deux embranchements sont reliés par une ligne transversale qui, de Boschot par Herenthals, dessert Turnhout et va rejoindre à Ruremonde les chemins hollandais.

La province d'Anvers forme, avec celle de Brabant, le diocèse de Malines.

Elle se divise en trois *arrondissements administratifs*, qui sont les mêmes que les arrondissements judiciaires; ils sont subdivisés en 19 *cantons* de justice de paix et comprennent 149 *communes*, dont 4 villes.

Les chefs-lieux d'arrondissements sont :

1° ANVERS, en flamand *Antwerpen*, ch.-l. de la province, grande et belle ville de 150,650 habit., sur la rive droite de l'Escaut. Elle fut, au XVIe siècle, la plus grande place commerçante de l'Europe occidentale, et fait encore aujourd'hui les 7/8 du commerce maritime de la Belgique, principalement pour l'importation du coton des États-Unis, des sucres de Cuba et du Brésil, des peaux de la Plata, des laines anglaises et des lins de Russie. Son industrie consiste principalement dans la construction des navires en bois ou en fer, surtout dans le chantier fondé en 1844 par John Cockerill; puis fabrication de sucre, des huiles de colza et des savons, des meubles de luxe; joaillerie, taille du diamant, orfèvrerie, soieries et dentelles. Sa banlieue renferme d'importants établissements industriels; à *Borgerhout* (18,650 hab.), et à *Merxem*, blanchisseries de toiles et fabriques de bougies; à *Merxem* et à *Berchem*, tapis faits de poils de chèvre et de vache. Anvers est aussi la plus forte place de guerre de la Belgique; elle a subi trois siéges célèbres : en 1585, en 1814 et en 1832. On l'entoure maintenant d'une enceinte continue et de forts détachés destinés à la rendre imprenable. Son principal monument est la cathédrale, un des chefs-d'œuvre de l'architecture gothique ou ogivale.

2° MALINES, en flamand *Mecheln*, à 23 kilom. S.-E. d'Anvers, sur la Dyle; 39,029 habitants; atelier central pour la construction du matériel des chemins de fer; fabriques d'orfèvrerie destinée principalement au culte, comme étant le siége de l'archevêché primatial de Belgique; chasublerie, impression des livres de liturgie et de piété; enfin, on y fait des dentelles célèbres, dites *points de Malines*, du tulle et des broderies.

3° TURNHOUT, à 40 kilom. N.-E. d'Anvers, au centre de la Campine; 15,743 habitants; fabriques importantes de coutils et de dentelles; papiers marbrés et coloriés, et surtout cartes à jouer pour tous les goûts et tous les pays, s'expédiant jusqu'aux Etats-Unis, au Brésil, au Chili et aux Indes.

LIEUX REMARQUABLES. Dans l'arrondissement de Malines : *Lierre* ou *Lier* (16,103 hab.), au confluent des deux Nèthes, fabriques de couteaux communs et de rasoirs; étoffes de coton, de soie et de laine; école normale pour l'enseignement primaire. Dans l'arrondissement d'Anvers, *Boom* (12,078 hab.), sur le Rupel, briqueteries et tuileries renommées. Dans l'arrondissement de Turnhout : *Herenthals*, fabriques de draps et couvertures de laine; *Gheel* (10,265 hab.), même industrie, et asile célèbre d'aliénés.

PERSONNAGES CÉLÈBRES. Sont nés à Anvers : les peintres *Quentin Metsys* (1475-1529); *Otto Venius* (1556-1634), qui fut le maître de Rubens; *Rubens* (1577-1640), né à Siegen en Allemagne de parents anversois et mort à Anvers, le chef et le plus grand nom de l'école flamande; parmi ses disciples, le plus illustre, *Van Dyck* (1598-1641); *Jordaëns* (1593-1678); *Snyders* (1587-1657); *David Teniers* (1582-1649); le graveur *Gérard Edelinck* (1649-1707); le géographe *Ortelius* (1527-1598), etc. A Malines, les peintres *Michel Coxie* (1499-1592) et *Jean Bol* (1534-1593); le botaniste *Dodoens*.

BORNES. La province de NAMUR est bornée au N. par celles de Liége et de Brabant ; à l'E. par le Luxembourg ; au S. par la France (département des Ardennes) ; à l'O. par le Hainaut.

SUPERFICIE : 3,660 kilomètres carrés ou 366,025 hectares. POPULATION : 315,796 habitants.

ASPECT DU SOL ; MONTAGNES, COURS D'EAU. Les deux vallées de la Meuse et de la Sambre, qui traversent cette province, sont encaissées entre des rochers perpendiculaires ou des collines boisées ; entre ces vallées s'étendent des plateaux élevés environ de 250 mètres. Le Nord, voisin de la région de Hesbaye, est fertile ; le Nord-Est renferme une portion du *Condroz*, région agricole assez pauvre ; au contraire le Sud-Ouest, appelé *Entre-Sambre-et-Meuse*, est une des parties les plus riches de la Belgique en productions minérales de toute nature. La province de Namur est parcourue au N. par les *Collines de Belgique* et au S. par les ramifications des *Ardennes*. Elle est arrosée par la MEUSE, qui coule du S. au N. par Heer et Dinant jusqu'à Namur, et là au N.-E. jusqu'à Andenne. Elle reçoit : 1° à droite, la *Houille*, qui se jette en France à Givet ; la *Lesse*, qui s'engouffre dans la célèbre grotte de Han, pour reparaître après un kilomètre de cours souterrain, et tombe près de Dinant ; le *Boucq* ; 2° à gauche, le *Viroin*, formé de la réunion de l'*Eau-Blanche*, qui arrose Marienbourg, et de l'*Eau-Noire* qui passe à Couvin ; le Viroin se jette à Vireux en France ; l'*Hermeton*, près du village qui porte le même nom ; enfin la *Sambre*, venue de France, se jette à Namur.

PRODUCTIONS. Les productions *minérales* sont de beaucoup les plus riches. On extrait la houille sur 12,259 hectares divisés entre 40 concessions, à Jemeppe, Ham, Auvelais et Tamines ; les mines de fer occupent 8,061 hectares, les 2/3 de l'exploitation totale du royaume, à Vezin et Vedrin ; dans la vallée de la Lesse, à Rochefort ; mais surtout dans l'Entre-Sambre-et-Meuse à Biesme, Florennes, Yve, Daussois, Olloy ; le plomb, le zinc, le manganèse à Sclayn, Moisnil, Vedrin, Ligny, Marches-les-Dames, Philippeville, Viroin, Vecquée. La province tient également le premier rang pour les marbres : marbres noirs de Dinant, Denée, Furneaux, Saint-Gérard, et surtout le noir fin de Golzinnes, dans la commune de Boissière, le plus recherché de tous ; marbres bleus et rouges de Merlemont, dits marbres de Malplaquet, de Cerfontaine, de Vodelée, de Gerin ; marbres jaunes de Pry et de Frairoul, etc. ; les granits de Boisselle et de Silenrieux ; les pavés de Gembloux, les meules de Corenne ; les pierres de taille de Namur, Samson et Mettet ; les ardoisières de Cul-des-Sarts, Oignies et Alle ; les argiles réfractaires d'Andenne pour les usines à gaz et les hauts-fourneaux ; enfin beaucoup de calcaire et de sable pour la construction ou les verreries. — Peu de richesses *animales* : des moutons et des porcs. — Productions *végétales* plus abondantes : beaucoup d'avoine, du froment et du seigle dans les plateaux fertiles du nord ; l'épeautre dans le Condroz ; riche exploitation des forêts, surtout des chênes très-recherchés pour l'ébénisterie et la sculpture ; le hêtre et le peuplier pour les établissements industriels.

INDUSTRIE. Les industries mécaniques et chimiques occupent naturellement la première place : fonderies de fer, coutellerie ; porcelaines dures, glaces, polissage des marbres, produits chimiques pour le blanchiment des toiles et des papiers, colle forte, papeterie, tannerie et corroierie.

COMMERCE. Les produits de ces industries s'exportent les provinces voisines, surtout pour les grands industriels de Liége et de Charleroi entre lesquels la province est située ; et pour l'étranger, en France surtout, puis en Prusse et en Hollande.

CHEMINS DE FER. De Namur comme centre partent les lignes suivantes : 1° à l'*Ouest*, la ligne qui unit Namur à Charleroi ; 2° au *Nord-Ouest*, la ligne de Namur à Gembloux, et de là par Ottignies sur Bruxelles ; 3° à l'Est, la ligne de Namur sur Huy ; 4° au *Sud-Est*, celle qui par Assesse et Ciney, va sur Marche dans le Luxembourg ; 5° au *Sud*, la ligne par Dinant et Hastières à Givet en France. Embranchements : d'Hastières par Doiches, Merlemont, Florennes, Morialmé sur Charleroi ; de Doiches sur Marienbourg ; de Marienbourg sur Vireux à l'Est, sur Couvin au Sud, sur Chimay à l'Ouest, sur Walcourt, Berzée, et de là sur Marchiennes au Nord ; de Berzée à Laneffe ; de Walcourt par Fraire à Morialmé ; de Walcourt par Yve à Florennes, et d'Yve à Phippeville ; tous ces embranchements desservent la région industrielle d'Entre-Sambre-et-Meuse.

La province de Namur forme, avec le Luxembourg, le diocèse de Namur.

Elle est divisée en 3 *arrondissements administratifs*, comprenant 348 *communes*, dont 5 villes ; il n'y a que deux arrondissements judiciaires, Namur et Dinant, subdivisés en 16 *cantons* de justice de paix.

Les chefs-lieux des arrondissements administratifs sont :

1° NAMUR, au confluent de la Sambre et de la Meuse, 25,066 habitants ; coutellerie renommée ; verreries et fabriques de produits chimiques, acide sulfurique, sulfates, carbonate de soude ; colle forte ; tanneries et corroieries pour lesquelles elle tient le premier rang après Stavelot ; commerce de houille, de fer, de marbres, de bois. Dans la banlieue, établissements industriels importants : à *Floreff*, fabriques de glaces ; *Jambes*, verrerie ; *Saint-Servais*, papeterie, fabriques de faïences, de porcelaine dure et de pipes ; *Saint-Marc, Moustier*, industrie de produits chimiques.

2° DINANT, sur la Meuse, à 24 kilom. S. de Namur, 6,428 habitants ; commerce de marbres ; tannerie ; chaudronnerie renommée appelée *Dinanderie*, ainsi qu'à *Gin* dans les environs ; papeterie importante pour les papiers cartiers.

3° PHILIPPEVILLE, à 38 kilom. S.-O. de Namur, 1,25 habitants ; jadis ville forte, ainsi que *Marienbourg*, dans les environs ; ces deux places, à la France jusqu'en 1815, couvraient l'espace ouvert entre l'Oise et la Meuse, qu'on appelle *Trouée des Ardennes*.

LIEUX REMARQUABLES. Dans l'arrondissement de Namur, Gembloux, grande fabrication de coutellerie, et victoire de D. Juan d'Autriche sur les patriotes belges, en 1578 ; Ligny, victoire de Napoléon, en 1815, dite aussi bataille de Fleurus ; *Andenne*, papeteries renommées ; fabrication de porcelaines et de pipes avec de l'argile plastique exploitée dans les environs, à Mozet, Haillot et Wierde ; *Fosses*, carrières de grès, commerce de bois et de cuirs. Dans l'arrondissement de Dinant : *Bouvignes*, tannerie ; Jemelle et Rochefort, exploitation de grès. Dans l'arrondissement de Philippeville : *Florennes, Walcourt, Couvin*, forges, scieries de marbres et commerce de bois.

PERSONNAGES CÉLÈBRES. A Namur sont nés le peintre *Juppin* (1678-1729) et l'historien *De* [illisible] (1780-1834).

l'Aisne et du Nord) ; à l'O. par la Flandre occidentale.

Superficie : 3,721 kilomètres carrés ou 372,162 hectares. Population : 956,364 habitants. C'est la province la plus peuplée de la Belgique.

Nature du sol ; montagnes, cours d'eau. Le sol encore plat au N.-O. s'élève au S.-E. vers les collines entre Escaut et Meuse (environ 120 mètres de hauteur). Elles séparent la province en deux bassins : 1° au N.-O. l'Escaut, qui arrose Antoing et Tournay. Il a pour affluents : la *Haine*, qui passe près de Mons où elle reçoit la *Trouille*, et se jette à Condé en France; la *Dendre* et la *Senne*, qui coulent au N. 2° la Sambre, qui passe à Charleroi et se jette dans la Meuse à Namur ; elle reçoit à droite l'*Heure*, à gauche le *Piéton*, qui viennent se réunir en face l'un de l'autre à Charleroi.

Productions. Parmi les richesses *minérales*, se place en première ligne la houille qui présente trois centres d'extraction : 1° le *Borinage* entre Mons et la frontière française ; 2° le *bassin du Centre*, à l'E. de Mons ; 3° le *bassin de Charleroi*, sur la Sambre. Ces bassins occupent une surface de 81,500 hectares percés de 129 mines et emploient 60,500 ouvriers. Viennent ensuite les mines de fer, métal que l'on trouve en très-grande abondance au S.-E. de la province, dans la région dite *Entre-Sambre-et-Meuse*, principalement à Gerpinnes, La Buissière, Solre-Saint-Gery et Barbançon ; les marbres noirs ou veinés de Basècles et de Péruwelz au N.-O., d'Angre et d'Antreppe au centre, de Sainte-Anne à La Buissière et de Couillet ; les pierres pour la construction à Soignies, Ecaussines et Maffles au N.-E. ; les carrières de pavés à Lessines ; les pierres calcaires pour la fabrication de la chaux à Maffles, à Basècles et à Tournay. Parmi les richesses *animales*, une forte race de chevaux. Parmi les productions *végétales*, le froment, l'orge, l'avoine et le seigle ; la betterave, plus cultivée dans le Hainaut que dans tout le reste de la Belgique ensemble ; le lin et la chicorée dans le bassin de l'Escaut; le houblon, dans ceux de la Haine et de la Sambre ; le tabac aux environs de Mons, surtout à Obourg.

Industrie. 1° La fabrication du matériel des chemins de fer et des charbonnages, des appareils pour la sucrerie, des machines à tisser et à filer, des machines et outils agricoles ; les cristaux, la verrerie et les porcelaines ; 2° les toiles, les lainages et tapis, la bonneterie ; 3° la meunerie, la fabrication de la chicorée-café et les brasseries.

Commerce. Le commerce comprend l'exportation de tous ces objets, principalement des houilles et des pierres, en France et en Hollande. Il se fait par de nombreuses voies de communication.

Canaux. 1° Le *canal de Charleroi à Bruxelles*, qui joint la Sambre à l'Escaut par le bassin de la Senne ; 2° le *canal de Mons à Condé*, parallèle à la Haine ; 3° le *canal de Pommerœulx*, de celui-ci à Antoing sur l'Escaut ; 4° le *canal d'Espierres*, entre Espierres sur l'Escaut et Roubaix en France.

Chemins de fer. Le Hainaut est parcouru par les lignes suivantes qui ont leur centre à Mons : 1° à l'*Ouest*, la ligne de Mons par Saint-Ghislain, Basècles, Leuze, Tournay sur Mouscron. Embranchements : de Saint-Ghislain à Quiévrain, sur le chemin français du Nord ; B. de Basècles à Péruwelz ; de Tournay à Lille par Templeuve ; de Leuze sur Renaix et de Leuze sur Ath ; 2° au *Nord*, la ligne de Mons à Jurbize où elle se bifurque, d'une part sur Ath et Lessines jusqu'à Grammont, de l'autre par Soignies et Braine-le-Comte sur Hal et Bruxelles. Embranchements : d'Ath par

deng sur Braine-le-Comte ; de Baume à Manege où il se bifurque, d'une part sur Séneffe et Nivelles, de l'autre sur Charleroi ; de Charleroi sur Fleurus où il se bifurque, d'une part sur Ottignies, de l'autre sur Gembloux; de Châtelet sur Philippeville et de là jusqu'à Givet en France ; de Marchiennes par Walcourt et Mariembourg, d'où il rentre dans le Hainaut par Chimay et Momignies ; de Marchiennes par Thuin sur Erquelines ; de Baume par Binche à Erquelines sur le chemin français du Nord ; 4° au *Sud*, la ligne de Mons par Frameries et Aulnois, sur le même chemin à Hautmont. Embranchements courts et nombreux desservant les localités industrielles du Borinage, Dour, Wasmes, Pâturages, etc.

Le Hainaut forme le diocèse de Tournai.

Il se divise en 6 *arrondissements administratifs*, comprenant 429 *communes*, dont 21 villes ; il ne renferme que trois arrondissements judiciaires, Mons, Tournay et Charleroi, subdivisés en 30 *cantons* de justice de paix.

Les chefs-lieux des arrondissements administratifs sont :

1° Mons, ch.-l. de la province, sur la Trouille, 23,310 habitants. Exploitation considérable de houille, fabrication du matériel des chemins de fer et des charbonnages, verreries, faïences, cornues et briques réfractaires, ainsi que dans toutes les villes de sa banlieue, appelée Borinage, *Saint-Ghislain, Warmes, Quaregnon, Pâturages, Frameries, Boussu, Baudour, Dour; Jemmapes*, victoire des Français en 1792.

2° Tournai, sur l'Escaut, 32,145 hab., à 45 kilom. N.-O. de Mons ; fabriques de porcelaines tendres et dures, commerce de pierres et de chaux; étoffes de lin et de chanvre, lainages dits tapis. Auprès est le village de *Fontenoy*, victoire des Français en 1745 ; à Tournai, magnifique cathédrale.

3° Ath, sur la Dendre, 8,850 hab., à 24 kilom. N.-O. de Mons ; grand commerce de lin.

4° Soignies, sur la Senne, 6,873 hab., à 17 kilom. N.-E. de Mons ; carrières de pierres bleues.

5° Charleroi, sur la Sambre, 15,943 hab., à 37 kilom. S.-E. de Mons ; grande exploitation de houille ; fabrication de machines pour les charbonnages ; rails, locomotives, wagons, principalement à Couillet dans la banlieue ; verréries importantes pour vitres et bouteilles, glaces et cristaux ; commerce de pierres.

6° Thuin, sur la Sambre, 5,450 hab., à 28 kilom. S.-E. de Mons; tissus de laine.

Lieux remarquables. Dans l'arrondissement de Tournai : *Péruwelz* et *Antoing*, sucreries et commerce de chaux ; *Leuze*, bonneterie. Dans l'arrondissement d'Ath : *Flobecq*, dentelles et fabrication de chicorée-café. Dans l'arrondissement de Soignies : *Braine-le-Comte* et *Enghien*, toiles et dentelles ; *Lessines* et *Ecaussines*, exploitation de carrières ; *Saint-Waast*, fonderie de fer. Dans l'arrondissement de Charleroi : *Couillet, Châtelet, Gilly*, 17,150 hab. ; *Jumet*, 20,200 hab. ; *Courcelles, Marchienne-au-Pont, Fontaine-l'Evêque, Gosselies*, forges et clouteries; *Séneffe*, victoire des Français en 1674; *Fleurus*, victoire des Français en 1690. 1794 et 1815 ; *Sainte-Marie d'Oignies*, fabriques de glaces perfectionnées. Dans l'arrondissement de Thuin : *Binche*, coutellerie et dentelles ; *Beaumont, Chimay, Merbes-le-Château, la Buissière*, carrières de marbre et de pierres, fours à chaux.

ATLAS

DE

GÉOGRAPHIE MODERNE

A L'USAGE DE TOUTES LES ÉCOLES

D'APRÈS LES MÉTHODES LES PLUS NOUVELLES

CARTES COLORIÉES ET NOTICES EN REGARD

ET PRÉCÉDÉES D'UNE CARTE DÉTAILLÉE DE LA PROVINCE

PAR MM.

CH. PÉRIGOT

PROFESSEUR AU LYCÉE SAINT-LOUIS

A PARIS.

L. PIRÉ

PROFESSEUR À L'ATHÉNÉE ROYAL

A BRUXELLES.

LISTE DES CARTES

1. Carte de la province (voir cette carte à la fin de l'atlas).
2. Belgique, carte physique et carte des canaux.
3. Belgique, carte politique.
4. Belgique, carte agricole, industrielle et commerciale.
5. France physique et politique.
6. Iles britanniques.
7. Hollande ou Pays-Bas.
8. Allemagne.
9. Suisse.
10. Italie.

11. Europe (carte physique et politique).
12. Asie.
13. Afrique.
14. Amérique du nord.
15. Amérique du sud.
16. Carte générale de l'Océanie.
17. Terres antarctiques.
18. Mappemonde et notions sur la sphère.
19. Palestine.

PROVINCE DE BRABANT

PARIS

LIBRAIRIE CHARLES DELAGRAVE

15, RUE SOUFFLOT, 15

Bornes. La province de Brabant est bornée au N. par celle d'Anvers ; à l'E. par celles de Limbourg et de Liége ; au S. par celles de Namur et de Hainaut ; à l'O. par la Flandre orientale.

Superficie : 3,282 kilomètres carrés, ou 328,296 hectares. Population : 936,062 habitants.

Nature du sol. Le nord de cette province appartient encore à la région basse de la Belgique, mais le sud est plus accidenté et couvert de collines qui annoncent le commencement de la région élevée ; elle renferme les sources de plusieurs affluents de l'Escaut.

Cours d'eau. Ces affluents sont : 1° la *Senne*, formée par la réunion, à Tubize, de la *Senne* et de la *Sennette* ; elle arrose Hal, Bruxelles, Vilvorde, et entre ensuite dans la province d'Anvers pour former le Rupel avec la Dyle et la Nèthe ; 2° la *Dyle*, passant à Wavre et à Louvain ; elle est grossie par le *Démer*, qui arrose Diest et Aerschot et reçoit lui-même la *petite Geete*, et la *grande Geete* qui passe à Tirlemont.

Productions. Les productions *minérales* sont les pierres à paver, et entre autres celles de Quenast, qui s'expédient en Hollande et en France ; la pierre blanche de Gobertange, qui a servi à construire les principaux monuments de Bruxelles. Les productions *animales* sont de belles races de chevaux et de bœufs ; peu de moutons. Les productions *végétales* sont : les bois, dans la belle forêt de Soignes ; le froment, le seigle, l'orge et l'avoine ; la betterave, la chicorée, le houblon, le colza, le lin et le chanvre.

Industrie. L'industrie est très-florissante dans cette province qui renferme la capitale : fabrication des machines à vapeur et du matériel des chemins de fer ; appareils pour la fabrication du sucre de betterave et la distillation de l'alcool ; carrosserie ; orfévrerie ; filatures et tissages en tout genre ; meubles de luxe, fabrication des orgues et des pianos ; porcelaines, bougies, parfumerie, toiles, dentelles, cotonnades, passementerie et chasublerie ; meunerie et féculerie, fabrication du sucre, de la chicorée et de la bière ; papeterie, imprimerie et librairie. La plupart ont leur centre principal à Bruxelles.

Commerce. La position centrale de cette province la met en communication facile avec le reste de la Belgique et avec l'étranger par les canaux et les chemins de fer. Bruxelles est le principal entrepôt commercial comme le grand centre industriel.

Canaux. 1° Le *canal de Charleroi à Bruxelles*, qui, de Bruxelles sur la Senne affluent de l'Escaut, à Charleroi sur la Sambre, joint l'Escaut et la Meuse ; 2° le *canal de Willebroeck*, qui prolonge le précédent au nord, entre Bruxelles et Boom sur le Rupel ; 3° le *canal de Louvain à Malines*, latéral à la Dyle.

Chemins de fer. Le Brabant est parcouru par les lignes suivantes, qui ont leur centre à Bruxelles : 1° *ligne du Nord*, par Vilvorde jusqu'à Malines ; 2° *ligne de l'Est*, par Louvain et Tirlemont jusqu'à Landen dans la province de Liége ; embranchements : A. de Louvain sur Malines ; B. de Louvain sur Aerschot ; C. d'Aerschot sur Anvers et sur Herenthals au nord ; d'Aerschot sur Diest et de là sur Hasselt dans le Limbourg ; D. de Louvain par Wavre sur Ottignies ; 3° au *Sud-Est*, la ligne qui, par la Hulpe et Ottignies, va sur Gembloux dans la province de Namur ; embranchement d'Ottignies à Court-Saint-Étienne, où la ligne se bifurque, d'une part sur Fleurus, de l'autre par Genappe et Nivelles sur Séneffe dans le Hainaut ; 4° *ligne du Sud*, par Ruysbroeck, Hal et Tubize à Braine-le-Comte dans

le Hainaut ; c'est la plus courte route de Bruxelles à Paris ; embranchement d'Hal sur Enghien ; 5° *ligne de l'Ouest*, par Laeken et Denderleeuw sur les chemins de la Flandre orientale.

La province de Brabant forme, avec celle d'Anvers, le diocèse de Malines, dans cette dernière province.

Le Brabant est divisé en *trois arrondissements administratifs*, qui sont les mêmes que les arrondissements judiciaires ; ils sont subdivisés en 22 *cantons* de justice de paix, et en 339 *communes*, dont 8 villes.

Les chefs-lieux d'arrondissements sont :

1° Bruxelles, chef-lieu de la province et capitale du royaume, sur la Senne, 11,811 habitants ; en y comprenant les huit communes limitrophes qui forment comme la banlieue de la capitale, l'agglomération bruxelloise compte 348,181 habitants. Son industrie est très-variée : ateliers pour le matériel des chemins de fer et les machines à vapeur, carrosserie, fabriques d'orgues et de pianos, meubles de luxe, orfévrerie, parfumerie, ganterie, brasseries, filature et tissage du coton, pour toiles blanches ou imprimées en couleur, toiles de lin, et surtout célèbres dentelles dites *points de Bruxelles*, passementerie et lainages, enfin papeterie, imprimerie et librairie, pour laquelle elle est un des principaux marchés de l'Europe. Les principaux monuments sont : l'Hôtel de ville, l'église Sainte-Gudule, le palais du Roi et celui de la Nation, où siègent les chambres ; la belle promenade du Parc ; le musée, la riche bibliothèque royale ; la place des Martyrs, avec le monument élevé à la mémoire des défenseurs de la patrie en 1830 ; la place Royale, avec le monument colossal de Godefroy de Bouillon, par Simonis, etc. Sa banlieue renferme d'importants établissements industriels : *Ixelles* (32,000 habit.), avec une importante fabrique d'orgues ; *Cureghem*, bougies stéariques ; *Laeken*, qui possède un parc et un château, résidence habituelle de la famille royale ; *Ruysbroeck*, grandes blanchisseries de toiles.

2° Louvain, sur la Dyle, à 25 kilom. N.-E. de Bruxelles, 32,917 habitants : meuneries donnant des farines d'une qualité supérieure ; brasseries renommées ; dentelles ; fabriques d'objets religieux ; papeterie et imprimerie : Hôtel de ville, le plus beau monument gothique du pays ; ancienne université très-célèbre, fondée en 1426, et détruite à la fin du dernier siècle ; aujourd'hui *Université catholique*, indépendante de l'État.

3° Nivelles, à 28 kilom. S.-O. de Bruxelles (9,825 hab.) ; filatures et dentelles ; papeterie ; chicorée. École normale de l'État pour l'enseignement primaire.

Lieux remarquables. Dans l'arrondissement de Nivelles : *Wavre, Gastuche,* la *Hulpe,* papeteries importantes ; *Jodoigne,* fabriques de papiers peints ; *Waterloo, Mont-Saint-Jean* et la *Belle-Alliance,* où se livra le 18 juin 1815 la fameuse bataille de Waterloo dans laquelle fut vaincu Napoléon ; *Genappe,* fabrique de passementerie ; *Ittre,* fabrique de chicorée. Dans l'arrondissement de Bruxelles, *Hal,* distilleries d'alcool, et lieu de pèlerinage à la Vierge. Dans l'arrondissement de Louvain : *Diest, Aerschot* et *Tirlemont* (13,296 hab.), brasseries, raffineries de sucre de betterave et lainages.

Personnages célèbres. Sont nés à Bruxelles : l'anatomiste *André Vésale* (1514-1564) et le chimiste *Van Helmont* (1577-1644) ; les peintres *Philippe de Champagne* (1602-1674) et *Van Der Meulen* (1634-1690) ; les sculpteurs *François* (1594-1648) et *Duquesnoy* (1597-1654) ; l'historien *Aubert Lemire* (1573-1640) ; le prince de *Ligne* (1735-1814), etc.